BEI GRIN MACHT SICH IHR WISSEN BEZAHLT

AF148984

- Wir veröffentlichen Ihre Hausarbeit,
  Bachelor- und Masterarbeit

- Ihr eigenes eBook und Buch -
  weltweit in allen wichtigen Shops

- Verdienen Sie an jedem Verkauf

Jetzt bei www.GRIN.com hochladen und kostenlos publizieren

Anika Kehl

Rechtslage bei Ehebruch nach der Tora

GRIN Verlag

Bibliografische Information der Deutschen Nationalbibliothek:

Die Deutsche Bibliothek verzeichnet diese Publikation in der Deutschen National-
bibliografie; detaillierte bibliografische Daten sind im Internet über http://dnb.d-
nb.de/ abrufbar.

Dieses Werk sowie alle darin enthaltenen einzelnen Beiträge und Abbildungen
sind urheberrechtlich geschützt. Jede Verwertung, die nicht ausdrücklich vom
Urheberrechtsschutz zugelassen ist, bedarf der vorherigen Zustimmung des Verla-
ges. Das gilt insbesondere für Vervielfältigungen, Bearbeitungen, Übersetzungen,
Mikroverfilmungen, Auswertungen durch Datenbanken und für die Einspeicherung
und Verarbeitung in elektronische Systeme. Alle Rechte, auch die des auszugsweisen
Nachdrucks, der fotomechanischen Wiedergabe (einschließlich Mikrokopie) sowie
der Auswertung durch Datenbanken oder ähnliche Einrichtungen, vorbehalten.

Impressum:

Copyright © 2013 GRIN Verlag GmbH
Druck und Bindung: Books on Demand GmbH, Norderstedt Germany
ISBN: 978-3-656-72912-9

Dieses Buch bei GRIN:

http://www.grin.com/de/e-book/279029/rechtslage-bei-ehebruch-nach-der-tora

GRIN - Your knowledge has value

Der GRIN Verlag publiziert seit 1998 wissenschaftliche Arbeiten von Studenten, Hochschullehrern und anderen Akademikern als eBook und gedrucktes Buch. Die Verlagswebsite www.grin.com ist die ideale Plattform zur Veröffentlichung von Hausarbeiten, Abschlussarbeiten, wissenschaftlichen Aufsätzen, Dissertationen und Fachbüchern.

Besuchen Sie uns im Internet:

http://www.grin.com/

http://www.facebook.com/grincom

http://www.twitter.com/grin_com

Ernst-Moritz-Arndt Universität

Theologische Fakultät

Hauptseminar: Streitgespräche in der synoptischen Überlieferung

SoSe 2013

Rechtslage bei Ehebruch nach der Tora

Anika Kehl

8. Fachsemester

LA Gym. Englisch, ev. Religion, Deutsch als Fremdsprache

Inhaltsverzeichnis

1. Einleitung

Im 8. Kapitel des Johannesevangeliums beschreibt der Autor ein Streitgespräch zwischen Jesus und einer Gruppe von Schriftgelehrten und Pharisäern, die eine Frau mit sich führen, welche sie des Ehebruchs bezichtigen. So heißt es:

> [1]Jesus aber ging an den Ölberg. [2]Und frühmorgens kam er wieder in den Tempel, und alles Volk kam zu ihm; und er setzte sich und lehrte sie. [3]Aber die Schriftgelehrten und Pharisäer brachten ein Weib zu ihm, im Ehebruch ergriffen, und stellten sie in die Mitte dar [4] und sprachen zu ihm: Meister, dies Weib ist ergriffen auf frischer Tat im Ehebruch. [5]Mose aber hat uns im Gesetz geboten, solche zu steinigen; was sagst du? [6]Das sprachen sie aber, ihn zu versuchen, auf daß sie eine Sache wider ihn hätten. Aber Jesus bückte sich nieder und schrieb mit dem Finger auf die Erde. [7]Als sie nun anhielten, ihn zu fragen, richtete er sich auf und sprach zu ihnen: Wer unter euch ohne Sünde ist, der werfe den ersten Stein auf sie. [8]Und bückte sich wieder nieder und schrieb auf die Erde. [9]Da sie aber das hörten, gingen sie hinaus (von ihrem Gewissen überführt), einer nach dem andern, von den Ältesten bis zu den Geringsten; und Jesus ward gelassen allein und das Weib in der Mitte stehend. [10]Jesus aber richtete sich auf; und da er niemand sah denn das Weib, sprach er zu ihr: Weib, wo sind sie, deine Verkläger? Hat dich niemand verdammt? [11] Sie aber sprach: HERR, niemand. Jesus aber sprach: So verdamme ich dich auch nicht; gehe hin und sündige hinfort nicht mehr! (Joh. 8, 1-11)[1]

Ausgehend von und bezugnehmend auf diese Geschichte beschäftigt sich die Arbeit, im Rahmen einer Vortragsverschriftlichung, mit der Rechtslage bei Ehebruch nach dem jüdischen Gesetz. Es soll geklärt werden, wie, höchstwahrscheinlich, mit einem solchen Vergehen umgegangen worden ist und ob die Geschichte der wirklichen Vorgehensweise folgt. Die beiden wichtigsten Bezüge zum Alten Testament sind dabei Deuteronomium 22, 22 und Levitikus 20, 10.

> [22]Wenn jemand gefunden wird, der bei einem Weibe schläft, die einen Ehemann hat, so sollen sie beide sterben, der Mann und das Weib, bei dem er geschlafen hat; und sollst das Böse von Israel tun. [23]Wenn eine Dirne jemand verlobt ist, und ein Mann kriegt sie in der Stadt und schläft bei ihr, [24]so sollt ihr sie alle beide zu der Stadt Tor ausführen und sollt sie steinigen, daß sie sterben; die Dirne darum, daß sie nicht geschrieen hat, da sie doch in der Stadt war; den Mann darum, daß er seines Nächsten Weib geschändet hat; und sollst das Böse von dir tun. [25]Wenn aber jemand eine verlobte Dirne auf dem Felde kriegt und ergreift sie und schläft bei ihr, so soll der Mann allein sterben, der bei ihr geschlafen hat, [26]und der Dirne sollst du nichts tun; denn sie hat keine Sünde des Todes wert getan, sondern gleich wie jemand sich wider seinen Nächsten erhöbe und schlüge ihn tot, so ist dies auch. [27]Denn er fand sie auf dem Felde, und die verlobte Dirne schrie, und war niemand, der ihr half. (Dtn. 22, 22-27)[2]

> [10]Wer die Ehe bricht mit jemandes Weibe, der soll des Todes sterben, beide, Ehebrecher und Ehebrecherin, darum daß er mit seines Nächsten Weibe die Ehe gebrochen hat. (Lev. 20, 10)[3]

Zunächst wird die Quellenlage zu Joh. 8, 1-11 geklärt. Im Anschluss wird auf die jüdische Rechtslage, in Bezug auf das beschriebene Vergehen, eingegangen. Mit dieser und den oben

---

[1] http://bibel-online.net/
[2] Ebd.
[3] Ebd.

angegebenen alttestamentlichen Bezügen wird die Darstellung der Rechtslage in der Geschichte verglichen. Abschließend wird die Absicht des Textes geschlussfolgert.

2. Quellenlage zu Johannes 8, 1-11

Die meisten Exegeten sind sich einig, dass dieser Abschnitt dem Johannesevangelium sekundär hinzugefügt wurde und nicht zum ursprünglichen Text gehört. Dafür werden verschiedene Gründe angeführt. Diese wären zum einen, dass die ältesten und vor allem bedeutensten griechischen Zeugen, wie Papyrus 66 und 75, den Abschnitt, wie auch die Codexi Vaticanus und Sinaiticus, nicht kennen und er auch nicht in syrischen oder koptischen Überlieferungen zu finden ist. Als ersten Zeugen für den Abschnitt wäre die Didaskalia, eine wohl syrische Kirchenordnung aus dem 3. Jahrhundert, zu vermuten. Dem gegenüber ist der Abschnitt in der Masse der griechischen und lateinischen Überlieferungen und in der Vulgata bezeugt (vgl. Wengst, 2000, S. 301). Neben der eher undurchsichtigen Quellenlage fügt Frank Crüsemann an, dass auch die sprachliche Gestaltung des Abschnitts nicht zum übrigen Evangelium passt (Vgl. Crüsemann, 2011, S. 112). Felix Porsch bezeichnet den Einschub drastischer als „Fremdkörper" (Vgl. Porsch, 1995, S. 85).

Aus der beschriebenen Quellenlage ziehen die Exegeten ganz unterschiedliche Schlüsse. Rudolf Bultmann spricht sich dafür aus, dass der Abschnitt nicht Gegenstand der Auslegung des Johannesevangeliums sein darf und beschäftigt sich nicht weiter mit ihm. Schnackenburg und Wilckens hingegen betrachten den Text trotzdem als authentische Jesusüberlieferung und vermuten seine Entstehung in judenchristlichen bzw. judennahen Kreisen. Klaus Wengst schließt aus der Quellelage, dass der Text nicht auf Jesus zurück gehen kann und auch nicht aus einer jüdisch geprägten Gemeindetradition kommt, er in einer Auslegung des Johannesevangeliums jedoch trotzdem Berücksichtigung finden sollte (Vgl. Wengst, 2000, S. 302/303). Denn auch wenn der Abschnitt dem Johannesevangelium sekundär hinzugefügt wurde, muss beachtet werden, dass er schon viele hundert Jahre als biblischer Text genutzt worden ist und bis heute große Wirkung zeigt (Vgl. Wengst, 2000, S. 303).

3. Rechtslage

Es gibt keinen geschichtlichen Beleg dafür, dass die Todesstrafe für Ehebruch jemals durchgeführt wurde, auch wenn in der Tora eindeutig von einer derartigen Strafe die Rede ist.

Es ist davon auszugehen, dass die Rabbinen keinesfalls blind das biblische Gesetz angewendet haben, sondern die Gesetze in ihrem Kontext gelesen und auf ihre Lebenswelt übertragen haben. Laut Klaus Wengst ist davon auszugehen, dass bei solchen Delikten, die die Todesstrafe nachsichziehen würden, von den Rabbinen verschiedenste Barrieren in den Prozess eingebaut wurden, die eine Verurteilung zum Tode abwenden konnten. Frank Crüsemann beschreibt die Vorgehensweise der Rabbinen ähnlich, bezeichnet dieses jedoch nicht als „Einbauung von Barrieren" sondern als sachgemäße und lebenswirkliche Auslegung der Tora. Demnach hätten sowohl die Ehebrecherin, als auch der Ehebrecher vor ihrer Tat vor den rechtlichen Konsequenzen des Ehebruchs gewarnt worden sein müssen und bei ihrer Tat beobachtet werden müssen. So schreibt es das jüdische Prozessrecht vor, welches bei der Auslegung der Perikope ebenfalls zu beachten ist. Es besagt weiterhin, dass es nur zu einer Verurteilung kommen kann, wenn zwei, voneinander unabhängige Zeugen, das Verbrechen anklagen und das auf die Anklage eine ordentliche Gerichtsverhandlung folgen mus. Durch diese Einschränkungen bzw. Konkretisierungen wurden, laut Wengst, die in der Tora beschriebenen und die Todesstrafe fordernden Delikte so ausgelegt, dass sie mit der Lebenswirklichkeit der Menschen nicht mehr übereinstimmen konnten. Somit mussten auch keine Todesurteile ausgesprochen werden. Frank Crüsemann spricht demgegenüber nicht von der Unmöglichkeit eines solchen Tathergangs, sondern richtet sein Augenmerk auf den reflektierten Umgang der Rabbinen mit der Tora (Vgl. Crüsemann, 2011, S. 113; Wengst, 2000, S. 305).

Die im Text geschilderte Tatsache, dass die Ankläger die Frau auf frischer Tat ertappt haben wollen, schließt eine vorher ausgesprochene Warnung an die Frau aus und damit auch ihre Verurteilung zum Tode. Außerdem kann vermutet werden, dass die Ankläger, die die gesetzliche Vorgehensweise bei vermutetem Ehebruch gekannt haben mussten, diese mutmaßlich außer Acht gelassen haben, um Jesus eine Falle zu stellen.

4. Auslegung

Zu Beginn der Geschichte wird erzählt, dass Jesus sich im Tempel befindet und dort lehrt. Er wird von den Anklägern unterbrochen und sie stellen ihm ihre Geschichte vor. Dabei bleibt offen, ob es sich um eine tatsächliche Situation oder um eine von den Anklägern konstruierte Situation handelt, die sie dazu benutzen wollen, Jesus Gesetzesbruch nachzuweisen. In Anlehnung an die Streitgespräche aus den drei synoptischen Evangelien könnte vermutet werden, dass die Geschichte um die Ehebrecherin konstruiert wurde, um die Spannung zwischenden auftretenden Parteien darzustellen.

Wenn man Joh. 8, 1-11 und die Schriftbezüge aus Levitikus und Deuteronomium miteinander vergleicht, fallen einem viele Unstimmigkeiten auf. Zum einen stellt sich die Frage, wo sich der Ehebrecher und der Ankläger befinden. Beide werden in der Geschichte nicht erwähnt. Dies widerspricht beiden Schriftbelegen, in denen immer beide Ehebrecher angeklagt wurden. Des Weiteren stellt sich die Frage ob die Gruppe sich auf dem Weg zur Verhandlung oder zur Urteilsvollstreckung befindet. Wobei zu beachten wäre, dass in der damaligen Zeit nur Beamte des Römischen Staates das Recht hatten eine Todesstrafe auszusprechen und durchzuführen. Dies soll nicht bedeuten, dass es deshalb unter den Juden keine Todesstrafen gegeben hat, aber das diese Tötungen illegal waren. Einen ordentlichen Prozess hätten nur die Römer durchführen können (Vgl. Dietzfelbinger, 2004, S. 232).

Es ist weiterhin fraglich, welche Rolle Jesus in der Geschichte spielt. Worin besteht die heikle Situation für Jesus? Wenn Jesus sich für die Steinigung ausspricht, verrät er die von ihm gepredigte und gelebte Barmherzigeit. Wenn er sich gegen die Steinigung der Frau ausspricht, dann vergeht er sich gegen das Gesetz des Mose und kann von den Juden als Gesetzesbrecher angeklagt werden. Wenn die Gruppe sich bereits auf dem Weg zur Vollstreckung befindet und die Frau bereits von einem römischen Gericht verurteilt worden ist, dann würde er sich mit einer Verteidigung der Frau gegen Rom stellen. Da im Verlauf des Gesprächs jedoch alle Männer gehen, die sich mit einer Abwendung des Todesurteils nach der Verurteilung durch den römischen Staat ebenfalls gegen diesen stellen würden, und sich anscheinend auch kein römischer Beamter unter den Zuhörern befindet, ist davon nicht auszugehen (Vgl. Dietzfelbinger, 2004, S. 232). Auch die Antwort der Angeklagten auf die Frage Jesu in 8,10, dass sie niemand verurteilt habe, lässt vermuten, dass sie noch vor kein Gericht geführt worden war.

Weiterhin ist zu bemerken, dass auch das Johannesevangelium Charakterisierungen des jüdischen Gesetzes liefert, die mit der dargestellten Situation von Joh. 7,53–8,11 nicht zu vereinbaren sind. So wird in 7,51 das Wort des Nikodemus bezeugt, welcher darauf hinweist, dass das Gesetz keinen Menschen verurteilt bevor er nicht angehört wurde. Dies scheint die klassische Vorgehensweise bei einer (vermuteten) Straftat zu sein. Warum also sollten die Pharisäer und Schriftgelehrten, die die Frau vor Jesus führen diese ignorieren? Eine Anhörung oder eine Befragung der Frau wird in der Perikope nicht erwähnt. In 18,31 steht außerdem geschrieben, dass die Pharisäer, als sie Jesus dem Pilatus vorführten, sagten, dass es Ihnen nicht erlaubt sei jemanden hinzurichten. Dies bedeutet das es ihnen auch nicht erlaubt gewesen wäre die Ehebrecherin zum Tode zu verurteilen, ohne sie vorher den Römern vorzuführen (Vgl. Crüsemann, 2011, S. 112).

5. Schlussfolgerungen

Die Entstehung der Geschichte kann auf verschieden Hypothesen zurückgehen. Zum einen könnte es sein, dass die Römer die Vorgehensweise der Kläger tatsächlich toleriert haben und sich nicht weiter um „kleinere" Delikte wie Ehebruch gekümmert haben. Es ist ebenso möglich, dass nicht alle Bürger die rabbinische Auslegung der Tora, und damit die Grundlagen für eine ordentliche Verurteilung, kannten oder ihr folgten und das es Menschen gab, die die Regeln der Tora unreflektiert auf ihre Situation übetragen haben und deshalb zu schnell mit einem Todesurteil bei der Hand waren. Weiterhin kann vermutet werden, dass die Kläger Jesus die Situation nur vorgetäuscht haben, um ihre Frage an ihn dramatischer erscheinen zu lassen. Dies sollte ihn möglicherweise zu einer vorschnellen Beantwortung ihrer Frage verlocken (Vgl. Crüsemann, 2011, S. 114). Es wäre also möglich, dass die Geschichte tatsächlich auf Jesus zurückgeht.

Es kann jedoch auch vermutet werden, wie oben bereits angeführt, dass die Geschichte nicht auf die Lebenswirklichkeit Jesu zurückgeht. Campenhausen, welcher die Entstehung der Geschichte lange nach Jesu Tod vermutet, versteht ihre Entstehung als Antwort auf die Probleme der vorkonstantinischen Kirche. Damals wollte sich die Kirche weiter vom sündhaften Leben distanzieren, musste jedoch feststellen, dass auch innerhalb der Gemeinde zum Teil schwer gesündigt wurde. Um nicht jeden Sündiger ausschließen zu müssen oder gar zum Tode verurteilen zu müssen, brauchte sie, seiner Meinung nach, einen Schriftbezug der die Vergebung in den Vordergrund rückte (Vgl. Wengst, 2000, S. 306). Dementsprechend kann die Geschichte dazu gedient haben, den Umgang der Kirche mit Sündern zu kritisieren und könnte, eben zu diesem Zweck, auf Jesus projeziert worden sein (Vgl. Porsch, 1995, S. 86).

Nach Joachim Gnilka kann auch vermutet werden, dass das Thema der Perikope der Grund für ihr Sonderdasein ist. Dabei soll vor allem die mögliche Ausnutzung der proklamierten Sündenvergebung und Gnade Jesu Anstoß gefunden haben (Vgl. Gnilka, 1983, S. 64). Dem gegenüber steht Udo Schnelle der das Verhalten Jesu in diesem Gespräch nicht anstößiger ansieht als sein Verhalten in anderen Teilen des Evangeliums. Er plädiert dahergehend dafür, dass die Geschichte als Illustration von Joh. 8,15, in der über das menschliche Urteilen gesprochen wird, angesehen werden kann (Schnelle, 1998).

Grundlegend wird davon ausgegangen, dass die Geschichte in keinem jüdisch geprägten Kontext entstanden ist. Denn auf Grund der Unstimmigkeiten zwischen den Geschehnissen der Geschichte und der Lebenswirklichkeit der damaligen Juden ist davon auszugehen, dass der Verfasser der Perikope sich entweder nicht mit dem jüdischen Gesetz auskannte oder sich bewusst dazu entschlossen hat, es negativ darzustellen (Vgl. Crüsemann, 2011, S. 112). Dies würde weiterhin bedeuten, dass die Geschichte in einer Zeit entstanden ist, in welcher das Alte Testament bereits antijüdisch gelesen worden ist.

Im jüdisch christlichen Dialog kann diese Geschichte und besonders ihre weithin verbreitete Auslegung für Missverständnisse sorgen. Laut Klaus Wengst wird den jüdischen Vertretern ein Reden und Handeln zugeschrieben, dass mit der wirklichen Welt und Praxis des damaligen Judentums nichts zu tun hat. Die unreflektierte Darstellung des Mosegesetzes stellt dieses als etwas gnadenloses dar, was überwunden werden muss. Die Auslegung der Geschichte auf diese Art und Wesie stellt sich in eine Tradition, die die Überwindung des Alten Testaments durch das Neue und, weiterführend, die Überwindung des Judentums durch das Christentum proklamiert und so nicht stehen gelassen werden kann (Vgl. Wengst, 2000, S. 307).

Literaturverzeichnis

Crüsemann, F. (2011). *Das Alte Testament als Wahrheitsraum des Neuen.* Gütersloh: Gütersloher Verl.-Haus.

Dietzfelbinger, C. (2004). *Das Evangelium nach Johannes - Teilband 1 - Johannes 1-12.* Zürich: Theologischer Verlag Zürich.

Gnilka, J. (1983). *Johannesevangelium.* Würzburg: Echter-Verlag.

Porsch, F. (1995). *Johannes-Evangelium.* Stuttgart: Katholisches Bibelwerk.

Schnelle, U. (1998). *Das Evangelium nach Johannes.* Berlin: Evangelische Verlagsanstalt.

Wengst, K. (2000). *Theologischer Kommentar zum Neuen Testament - Das Johannesevangelium.* Stuttgart: Kohlhammer.